VENTE

DE

Mme GABRIELLE ELLUINI A...

MOBILIERS ARTISTIQUES

TABLEAUX

DIAMANTS

COMMISSAIRE-PRISEUR
Me ESCRIBE
6, rue de Hanovre, 6.

EXPERT
M. A. BLOCHE
44, rue Laffitte, 44.

IMPRIMERIE DE L'ART

CATALOGUE

DES TRÈS BEAUX

MOBILIERS ARTISTIQUES

Bronzes — Marbres — Émaux cloisonnés

MEUBLES ANCIENS ET DE STYLE

Salons en tapisserie Louis XVI et en peluche brodée

Riches tentures — Tapisseries — Boiseries — Grandes lanternes en fer forgé
Magnifique ameublement de chambre à coucher en vernis Martin

BEAUX DIAMANTS

Colliers de perles blanches et de perles noires — Parure en émeraudes
Bijoux de fantaisie

Bijoux anciens — Boites — Miniatures — Éventails — Porcelaines — Faïences
Ivoires — Fers ouvrés

TABLEAUX MODERNES

Dessins — Gravures — Tableaux anciens — Instruments de musique

BEAU TRAÎNEAU DE ROTHSCHILD

avec harnachement de Lasnes

Fourrures — Livrées de Moujicks, Daumont, cochers, valets de pied
Beaux services de table — Porcelaines et Verrerie — Batterie de cuisine
Grands vins estampillés aux crus

Appartenant à Mme GABRIELLE ELLUINI A...

ET PROVENANT

DE SON HOTEL A PARIS, DE SES VILLAS DE BURES ET DE NICE

dont la vente aura lieu

HOTEL DROUOT, SALLE N° 1

Les Lundi 12, Mardi 13, Mercredi 14, Jeudi 15, Vendredi 16 et Samedi 17 Mars 1883

A DEUX HEURES

COMMISSAIRE-PRISEUR	EXPERT
Me ESCRIBE	M. A. BLOCHE
6, rue de Hanovre, 6	44, rue Laffitte, 44

EXPOSITIONS

PARTICULIÈRE	PUBLIQUE
Le Samedi 10 Mars 1883	Le Dimanche 11 Mars 1883
DE UNE HEURE 1/2 A CINQ HEURES 1/2	DE UNE HEURE A CINQ HEURES

CONDITIONS DE LA VENTE

Elle sera faite au comptant.

Les adjudicataires payeront *cinq pour cent* en sus des enchères.

L'exposition mettant le public à même de se rendre compte de l'état des objets, il ne sera admis aucune réclamation une fois l'adjudication prononcée.

Paris — Imprimerie de l'Art, J. Rouam, 41, rue de la Victoire

DÉSIGNATION DES OBJETS

BIJOUX

1 — Très importante parure comprenant un bracelet, une broche avec pendeloque, une paire de boucles d'oreilles avec pendeloques, et trois épingles de coiffure, composés de grandes émeraudes cabochons entourées de brillants.

2 — Beau collier de deux rangs, composés de cent quarante perles, poids : 880 grains. Avec fermoir en brillants.

3 — Très beau collier de deux rangs, composés de soixante-neuf perles noires et grises, pesant environ 1,600 grains, montées entre rondelles en roses, enrichi d'un beau fermoir offrant au centre un grand rubis entouré de douze brillants.

4 — Attache de corsage ou ornement de coiffure, forme feuillages en brillants, enrichi d'une grosse perle au centre.

5 — Très belle rivière très en chute, composée de quarante chatons en brillants premier blanc.

6 — Paire de magnifiques pendants d'oreilles composés de trois gros et très beaux brillants anciens.

7 — Paire de belles boucles d'oreilles formées de deux gros brillants solitaires, montés en argent.

8 — Paire de pendants d'oreilles formés de petits brillants-boutons auxquels sont suspendus deux brillants forme pendeloques.

9 — Paire de belles boucles d'oreilles formées de deux brillants solitaires.

10 — Jolie broche formée d'un gros brillant solitaire monté à griffes et d'une grande perle poire.

11 — Paire de boucles d'oreilles formées de grosses perles blanches surmontées d'un petit brillant.

12 — Jolie broche formant pendant de cou, composée d'un saphir entouré de guirlande en roses, d'un rang de brillants et entrecoupé d'attaches en brillants, enrichie d'une pendeloque formée par une perle poire.

13 — Beau bracelet avec applique formant broche, composée d'un œil-de-chat oriental entouré de brillants.

14 — Jolie bague composée d'un rubis entouré de dix brillants.

15 — Jolie bague composée d'un rubis avec entourage de douze brillants.

16 — Bague marquise formée d'un gros brillant entouré de turquoises taillées.

17 — Bague composée d'une émeraude entourée de seize brillants.

18 — Très beau miroir entouré de rubis et de brillants avec manche enrichi de rubis et de roses.

19 — Beau diadème en brillants formé de lézards et de fleurs.

20 — Broche composée d'un saphir avec monture en diamants, style Louis XVI.

21 — Bague en or enrichie d'un gros chaton en brillant.

22 — Beau peigne en écaille blonde avec bandeau, composé de vingt-neuf brillants. Le bandeau se démonte et forme bracelet.

23 — Belle broche représentant une pensée avec branche à feuillages, tout en brillants, et dont le cœur est formé d'une grosse perle rose.

24 — Bracelet en or poli, enrichi d'une émeraude et de deux brillants.

25 — Crochet de montre artistique en or ciselé et poli, enrichi de roses.

26 — Collier composé de boules de lapis et de perles.

27 — Paire de belles boucles d'oreilles composées de gros saphirs jaunes, entourés de brillants blancs.

28 — Belle bague composée d'un gros brillant jonquille, vieux Golconde, entouré de brillants blancs.

29 — Joli collier, modèle à fleurs et feuillages, en saphirs et brillants.

30 — Très beau bracelet tout pavé de brillants sur trois rangs allant en chute, enrichi au centre d'un bouton composé d'une grosse perle grise entourée de brillants.

31 — Joli collier de trois rangs, composé de deux cent quatre-vingt-deux perles avec fermoir, formé d'un saphir entouré de brillants.

32 — Pendant de cou, forme écusson, en rubis et brillants.

33 — Broche, forme nœud de rubans tout en brillants, auquel est suspendue une très grande perle noire, forme poire.

34 — Beau bracelet composé d'un rang de dix-neuf saphirs et de deux rangs de quarante-six brillants.

35 — Broche formant pendant de cou, modèle fer à cheval, composé de dix brillants et de dix saphirs.

36 — Paire de jolies boucles d'oreilles composées de turquoises entourées de brillants.

37 — Bracelet enrichi d'ornements à jour en brillants et roses, enrichi au centre d'une turquoise entourée de brillants.

38 — Jolie bague composée d'un rubis entouré de huit brillants.

39 — Belle bague or mat, formée d'une grosse turquoise et de deux brillants.

40 — Jolie bague, forme cœurs accouplés, en turquoise et rose entourée de roses.

41 — Broche représentant un chat tout en roses avec collier de rubis et perle fine.

42 — Broche représentant une tête de cheval tout en roses avec harnachement en rubis.

43 — Bague composée de trois brillants de fantaisie et de deux brillants blancs.

44 — Bague composée d'un brillant noir et de deux rubis.

45 — Bague composée d'une perle noire et de deux brillants.

46 — Chatelaine et montre en or mat, ornées de jolis émaux peints par Fontenay.

47 — Bracelet porte-bonheur composé de neuf émeraudes et de huit brillants avec sertissures en roses.

48 — Bague en or mat, enrichie d'un œil-de-chat et de deux brillants.

49 — Paire de boucles d'oreilles formées de jolies perles blanches surmontées d'un petit brillant.

50 — Bague composée d'une perle entourée de huit brillants.

51 — Fleche en or mat, enrichie de brillants et de roses.

52 — Bague composée d'un brillant de fantaisie et de deux brillants blancs.

53 — Bague formée d'une turquoise entourée de brillants.

54 — Bague formée d'une émeraude entourée de brillants.

55 — Bague rubis entouré de brillants.

56 — Jolie broche, forme tête de perroquet, tout en brillants.

57 — Broche barrette en or martelé, enrichie de trois saphirs et de deux brillants.

58 — Bracelet porte-bonheur composé de dix-sept saphirs et de griffes en roses.

59 — Bracelet porte-bonheur en or, enrichi d'une applique émeraude entourée de brillants.

60 — Bracelet composé de quarante chatons en brillants.

61 — Beau pendant de cou avec pampilles tout en brillants.

62 — Bague marquise en brillants.

63 — Porte-bonheur composé de onze brillants.

64 — PENDENTIF forme étoile, en brillants.

65 — CROIX composée de seize brillants.

66 — PARURE en corail rose : collier, bracelet, broche et pendants d'oreilles.

67 — PARURE composée de talismans sur turquoises, montée en filigrane.

68 — BAGUE ornée d'une belle turquoise, monture or.

69 — BAGUE en or, enrichie d'une turquoise.

70 — BRACELET en or, composé de maillons taillés à facettes.

71 — BRACELET, modèle serpent, en or avec yeux en rubis.

72 — DEUX PETITES CROIX en or enrichies de roses.

73 — MÉDAILLON en or mat avec camée dur, tête de berger.

74 — BROCHE enrichie d'une grosse perle de forme barroque, représentant un glacis sur lequel se promène un ours, monture en or poli et mat.

75 — PAIRE DE BOUCLES D'OREILLES émaillées, représentant des têtes de négresses.

76 — BROCHE avec pendeloque, formée de grenats entourés d'une corde en or mat.

77 — BAGUE en or, enrichie d'un brillant solitaire.

78 — AIGRETTE en brillants.

79 — BROCHE en brillants, forme mouche.

80-81 — DEUX BELLES BAGUES enrichies de brillants.

82 — BELLE BAGUE, même modèle, enrichie d'émeraudes.

83 — BRACELET enrichi d'un œil-de-chat, entouré de brillants.

84 — BRACELET corps à jour, enrichi de diamants et de trois perles.

85 — BRACELET orné de deux rangs de brillants.

86 — BROCHE, forme fer à cheval, en perles et brillants.

87 — PAIRE DE BOUCLES D'OREILLES, entourages en brillants.

VESTIBULE ET ESCALIER

88 — GRAND ET BEAU FRONTON D'AUTEL en bois sculpté, représentant au centre la sainte Vierge et l'Enfant entouré d'anges. Époque Louis XIII.

89 — BELLE BOISERIE composée de dix-huit panneaux gothiques et du XVIe siècle.

90 — DEUX PORTES à deux battants, offrant d'un côté des panneaux en bois sculpté armoriés et à dessins variés, du XVIe siècle, de l'autre côté garnies de glaces biseautées à petits encadrements dorés. Style Louis XVI.

91 — DEUX PORTES à un battant, en bois sculpté du XVIe siècle.

92 — BEAU LAMPADAIRE, forme lampe romaine, en bronze poli supporté par une grande potence en fer forgé. Style du XVIe siècle.

93 — DEUX TRÈS BELLES LANTERNES en fer forgé avec vitraux de couleur à armoiries, suspendues à des potences ornées de rinceaux. Style du XVIe siècle.

94 — Deux lanternes en fer forgé. Style Louis XIII.

95 — Deux appliques en bronze argenté et ciselé offrant en haut-relief des oiseaux, encadrements à feuillages.

96 — Bras d'applique en bronze poli, à gaz.

97 — Deux bras d'appliques lampadaires, formés par des figures d'amours en bronze.

98 — Deux grands vases, forme tulipes, en porcelaine du Japon. Riche décor de dragons en relief.

SALLE A MANGER

99 — Belle tenture en drap vert olive, richement brodé d'oiseaux, feuillages, rinceaux et dragons en soie jaune et verte de différents tons.

Garniture de cheminée, de fauteuils et d'un canapé analogue.

Deux lambrequins analogues.

100 — Deux beaux rideaux de vitrages en tulle noir richement brodé d'oiseaux, de guirlandes et de rinceaux feuillagés en soie bronze et paillettes d'or.

101 — Grand et beau buffet vitré en jaquaranda massif, style Louis XIII, forme crédence, s'ouvrant en haut et en bas à trois portes, avec tiroirs à l'intérieur et tendu de rouge.

102 — Beau meuble a argenterie en jaquaranda massif, s'ouvrant à portes pleines dans le bas, à glaces biseautés dans la partie supérieur.

103 — Deux chenets, pelle et pincettes en bronze noirci et frotté. Style chinois.

104 — Garniture de foyer en bronze doré, style Louis XVI, avec accessoires.

105 — Lanterne d'applique en fer forgé et découpé, parties en cuivre poli.

106 — Fontaine avec bassin, forme coquille, en étain Louis XV.

107 — Horloge de tourne-broche du XVIe siècle.

107 *bis*. — Belle suspension en bronze poli et repoussé, à dix bougies et une lampe à gaz. Style Renaissance.

108 — Cartel en bronze poli. Style Louis XVI.

109 — Plat de Bernard Palissy, scène d'intérieur, famille d'Henri IV.

110 — Plat oblong, Rouen, polychrome.

111 — Petit plat oblong, Rouen, à la corne.

112 — Six compotiers, Sinceny, Rouen et Arras.

113 — Huit assiettes et plats, Japon, polychrome et or.

114 — QUATRE PLATS, Delft, bleu sur blanc.

115 — SEPT ASSIETTES faïences françaises et italiennes.

116 — CINQ PLATS ET ASSIETTES Delft bleu.

117 — PLAT oblong, Rouen, bleu.

118 — DEUX PETITS COMPOTIERS, Rouen, bord polychrome.

119 — PLAT de Japon bleu.

120 — PLAT de Savone, camaïeu bleu.

121 — SOUPIÈRE en étain, Louis XV, à rocailles.

122 — DEUX AIGUIÈRES basques, Louis XIV.

123 — DEUX AIGUIÈRES du XVIe siècle.

124 — DEUX BIDONS du XVIIe siècle.

125 — SIX PICHETS en étain du XVIIe siècle, marqués d'anciens cachets.

125 *bis* — Très beau et important service de table en verre mousseline, de forme absolument originale, de style ancien, au chiffre G. E.

125 *ter* — Très beaux services de table en porcelaine de divers décors. (Seront vendus par service.)

GRAND SALON

126 — Bel ameublement en bois sculpté et doré, couvert de satin à bandes rouges et bandes blanches brochées à griffons et rinceaux fleuronnés. Style Louis XVI. Il se compose d'un grand canapé, deux causeuses, quatre chaises et quatre fauteuils.

127 — Tenture de la pièce en satin rouge.

128 — Deux paires de grands rideaux en même étoffe, avec draperies et garnis de passementeries assorties avec galeries en bois doré. Style Louis XVI.

129 — Deux paires de rideaux en soie blanche.

130 — Tricycle en bois sculpté et doré, couvert en soierie vieil or broché.

131 — Quatre chaises volantes en bambou doré, dessus en satin blanc brodé de Chine.

132 — Deux tabourets forme X en étoffe ancienne et bois doré. Style Louis XVI.

133 — Jolie table en bronze noirci et frotté, avec dessus en émail cloisonné de Chine, fond bleu turquoise offrant des objets d'ameublement en couleur.

134 — Jolie vitrine en bois sculpté et doré. Style Louis XVI. Fond en glace.

135 — Deux supports en bois sculpté et doré à figures d'enfants.

136 — Jardinière en émail cloisonné de Chine avec socle en jaquaranda massif.

137 — Tabouret en bambou doré, dessus en satin à bandes bleues et brochées à fleurs, fond blanc.

138 — Tapis, fond rouge, à fleuron en moquette.

139 — Belle pendule, modèle à cage en glace biseautée, monture en bronze ciselé et doré. Style Louis XVI.

140 — Paire de candélabres, forme vase, en marbre blanc montés en bronze ciselé et doré à six lumières. Style Louis XVI.

141 — DEUX FLAMBEAUX en bronze doré, formés de groupes de cariatides de femmes. Style Louis XVI.

142 — PAIRE D'APPLIQUES à trois lumières en bronze doré. Style Louis XVI.

143 — DEVANT DE FEU à galerie cintrée en bronze doré. Style Louis XVI.

144 — ÉVENTAIL pare-étincelles en bronze poli. Style Louis XVI.

145 — TRÈS BEAU TRUMEAU en glaces biseautées, montées en bois sculpté et doré, orné au centre d'un joli portrait de Mme Vigée-Lebrun. Style Louis XVI.

146 — PAIRE DE GRANDS VASES en porcelaine de Chine, décor à figures. Montés en bronze doré. Style Louis XV.

147 — COFFRET formant pupitre en bois de thuya, garni de cuivre.

148 — GRANDE SOUPIÈRE AVEC PLATEAU en ancienne porcelaine de Vienne, décor à fleurs, bordure gaufrée.

149 — FIGURINE de Japonaise en Satsuma.

150 — Oiseau de Saxe.

151 — Deux brule-parfums de Saxe avec myosotis en relief.

152 — Quatre grenouilles travesties en musiciens d'Allemagne.

153 — Petit groupe de deux figures : la Comédie, de Saxe.

154 — Deux salières de Berlin.

155 — Vide-poches de Berlin.

156 — Six figurines de Saxe, marchands, jardiniers, bouquetières.

157 — Tasse et soucoupe de Saxe avec myosotis en relief.

158 — Petite pagode en laque renfermant une divinité, en bois sculpté.

159 — Petit groupe en terre cuite peinte : Guillaume Tell.

160 — Petit groupe en ivoire, Mercure et Vénus.

161 — GROUPE de deux figures de paysans, en ivoire.

162 — FIGURINE de Madeleine, en ivoire.

163 — ONZE PETITS GROUPES ET FIGURINES en ivoire japonais.

164 — DEUX GRANDES FIGURINES en ivoire du Japon.

165 — DEUX FIGURINES en bois sculpté et ivoire.

166 — QUINZE PIÈCES, groupes, figurines et chimères en pierre de lare.

167 — DEUX ASSIETTES de Saxe, décorées de sujets d'après Watteau, à rehauts d'or, bordures à jour.

168 — DEUX MARTEAUX DE PORTES en bronze, formés de mascarons et de groupes d'enfants. XVIe siècle.

169 — TROIS PLATS fond blanc à bordures dorées.

170 — BELLE PLAQUE en faïence d'Urbino, représentant la Vierge et l'Enfant. XVIe siècle.

171 — CROIX PROCESSIONNELLE en bronze ciselé, représentant des scènes de la Passion. XVIe siècle.

172 — Joli éventail du temps de Louis XVI, feuille représentant une scène champêtre à figures de Chinois d'après Van Loo, monture en ivoire rehaussée d'or.

173 — Éventail du temps de Louis XVI, feuille à trois médaillons, monture en ivoire rehaussé d'or.

174 — Bel éventail du temps de Louis XV, dont la feuille représente une allégorie à l'hyménée, avec riche monture en nacre repercé à jour et rehaussé d'or, à scènes champêtres.

175 — Éventail en faille, représentant en grisaille une scène de la comédie italienne, monture en ivoire incrustée d'acier.

176 — Éventail en faille blanche, décor à sujets chinois, monture en nacre.

177 — Petit émail peint, portrait de femme du temps de Louis XVI.

178 — Belle croix en argent repoussé et finement ciselée. Au poinçon de François Alfano. XVIe siècle.

179 — Beau missel moderne, édition de Gruel et Engelmann, enrichi d'enluminures. Reliure en maroquin Lavallière avec garniture en argent niellé.

180 — Éventail du temps de Louis XVI, feuille à sujets champêtres, monture en ivoire à jour et rehaussée d'or.

181 — Éventail en ivoire sculpté, feuille à scène champêtre, Louis XVI.

182 — Éventail en ivoire laqué d'or, travail chinois.

183 — Éventail en plumes, décor à fleurs, monture en nacre à rehauts d'or.

184 — Petit éventail en broderie à paillettes offrant au centre une jolie peinture représentant Mentor et Télémaque abordant dans l'île de Calypso.

185 — Jolie boite ovale en or émaillé rouge, avec bordure à fleurs et feuillages sur fond gros bleu, offrant sur le couvercle un portrait de femme d'après *Van Loo*. Époque Louis XVI.

186 — Boite en ancienne porcelaine de Saxe, décorée de sujets Watteau, encadrés de rocailles et de fleurs.

187 — Mandoline en or émaillé renfermant une montre. Style Louis XVI.

188 — Paire de boucles d'oreilles pavées de roses anciennes.

189 — Collier en or filigrané et pierres de toutes couleurs.

190 — Joli collier avec pendentif émaillé, enrichi de pierreries. Style Renaissance.

191 — Presse-papier, forme chameau, en perles, rubis et brillants, sur socle en lapis.

192 — Paire de pendants d'oreilles en roses anciennes.

193 — Garniture de quarante-neuf boutons de robes Louis XVI, entourages en cailloux du Rhin, monture argent.

194 — Deux coupes en argent gravé et doré, décor à fleurs.

195 — Petite montre en or avec bordure à feuillages émaillés, ornée sur le boitier d'un émail peint, entourage du cadran en jargons. Époque Louis XVI.

196 — Bague marquise avec entourage de demi-perles et offrant une montre avec le mouvement à jour. Louis XVI.

197 — Bague marquise, entourage en jargons offrant dessus une montre avec spirale à jour et cadran émaillé. Louis XVI.

198 — Briquet en argent doré et guilloché.

199 — Petite montre en or et argent ciselé enrichie de rubis.

200 — Montre en or gravé avec ornements et chiens à jour.

201 — Bague formée de cinq anneaux se rejoignant et enrichie de roses. Louis XVI.

202 — Clef en or au chiffre G. E.

203 — Petite boite en argent. Louis XV.

204 — Cassolette en filigrane de vermeil.

205 — Petite tasse avec cuiller en argent doré et guilloché.

206 — Boucle en argent.

207 — BOITIER DE MONTRE en cuivre ciselé. Louis XVI.

208 — JOLI BOITE ovale en or gravé, ornée sur le couvercle d'un émail peint encadré de jargons, griffe en jargons. Louis XVI.

209 — PETIT CHEVAL en argent. Louis XIII.

210 — DEUX PETITES SALIÈRES, forme traîneaux, avec cuillers en argent. Style du XVIe siècle.

211 — SIX COUTEAUX à manches d'argent.

212 — SIX CUILLERS en argent avec figures d'apôtres.

213 — SOUVENIR en ivoire monté en or avec ses tablettes. Époque Louis XVI.

214 — BONBONNIÈRE ornée sur le couvercle d'une miniature. Léda.

215 — BONBONNIÈRE en ivoire, avec scène enfantine sur le couvercle.

216 — TABATIÈRE en ivoire. Louis XV.

217 — MONTRE à double boitier en or repoussé, ornée d'une scène tirée de l'histoire de Cléopâtre, en repoussé. Époque Louis XV.

218 — Montre en or émaillé, représentant le Duo champêtre. Époque Louis XVI.

219 — Montre en or avec émail peint sur le boitier. Époque Louis XVI.

220 — Montre en or ciselé à bouquet de fleurs, enrichie d'un double entourage de demi-perles.

221 — Grande montre en or émaillé de Genève, sujet de chasse. Époque Louis XVI.

222 — Montre en or émaillé bleu avec rondelle au centre du boitier. Époque Louis XVI.

223 — Boite rectangulaire en or ciselé et de couleur, ornée d'une miniature sur le couvercle.

224 — Étui en or ciselé. Époque Louis XVI.

225 — Parure en mosaïque montée en or.

226 — Broche avec miniature, portrait de femme, entourage en strass.

227 — Chatelaine en argent émaillé avec breloques diverses.

228 — TABATIÈRE en or gravé provenant de la reine Marie-Amélie.

229 — BONBONNIÈRE en or guilloché. Époque Louis XVI.

230 — MONTRE en or repoussé à double boitier : le Départ d'Alexandre. Époque Louis XV.

231 — BOITE à cure-dents en ivoire, ornée sur le couvercle de sujets et de médaillons en cheveux.

232 — DEUX ÉMAUX peints, sujets mythologiques. Cadres bois noir.

233 — BIJOU PENDENTIF, dans le style du XVIe siècle, représentant le tir à l'arc, tout émaillé et enrichi de pierreries.

234 — TABATIÈRE en écaille gravée, monture argent. Louis XV.

235 — BONBONNIÈRE en vernis de Martin, avec portrait de gentilhomme du temps de Louis XVI sur le couvercle.

236 — BONBONNIÈRE en écaille, ornée d'une miniature, portrait de femme, sur le couvercle.

237 — Boite en vernis de Brunswick, décor à scènes enfantines. Monture à charnière en argent.

238 — Petite pendule de bureau en argent émaillé, style du XVIe siècle, représentant une autruche supportant le mouvement.

DEUXIÈME SALON

239 — Magnifique tenture en peluche rouge, ornée de riches broderies à fleurs, oiseaux et rinceaux, style Renaissance, composée de huit panneaux et six grandes portières, un lambrequin à draperie supporté par un groupe d'amours en bois sculpté rehaussé d'or et portant un baldaquin. Le tout garni de franges, de passementeries, avec embrasses assorties. Quatre portières sont doublées de peluche vert réséda, avec patères en bronze doré.

240 — Bel ameublement composé d'une marquise, deux fauteuils et deux chaises en peluche Van Dyck, richement brodés de fleurs et de rinceaux en soie de diverses nuances, garnis de franges à grilles.

241 — Groupe en marbre blanc, *Léda* de Carrier-Belleuse.

242 — Belle glace de Venise à fronton et encadrement gravé.

243 — Peau d'ours blanc.

244 — Jolie pendule en bronze doré avec statuette d'amour formant couronnement. Style Louis XVI.

245 — Deux jolis petits flambeaux en bronze doré avec pièces d'appliques à jour.

246 — Pendule en bronze doré avec cadran émaillé en partie bleue. Style Louis XVI.

247 — Deux chenets en bronze doré à fond bleui. Style Louis XVI.

248 — Pelle et pincettes de même style.

249 — Deux vases en marbre blanc montés en candélabres avec bouquets à cinq lumières en bronze doré.

250 — Joli petit encrier en céladon turquoise, monté en bronze doré.

251 — Petite jardinière Louis XVI en acajou.

252 — Petite table en bois des iles, forme cœur, ornée de plaques de Sèvres à fleurs.

253 — Table a ouvrage en bois des iles à trois tiroirs ornés de bronzes.

254 — PETITE TABLE du même genre en bois rose, avec galerie en cuivre et dessus en marbre brèche d'Alep.

255 — TABLE A JEU en bois rose avec damier. Louis XVI.

CHAMBRE A COUCHER

256 — JOLI AMEUBLEMENT de style Louis XVI en bois laqué blanc, à filets bleus et garni de satin fond bleu, dessin en grisaille se composant d'un grand lit de milieu avec baldaquin et rideaux, une belle armoire à trois battants garnis de glaces biseautées, deux tables de nuit, un secrétaire-chiffonnier, une chaise longue, deux chaises légères, une table à ouvrage avec glace à l'intérieur.

257 — TENTURE complète de la pièce en satin bleu, dessin en grisaille.

258 — DEUX PAIRES DE RIDEAUX et une portière analogues.

259 — TABLETTE de cheminée avec rideaux analogues.

260 — GLACE avec cadre, style Louis XVI, en bois laqué à filets bleus.

261 — GLACE d'entre-deux analogue.

262 — JOLIE COMMODE de l'époque Louis XVI, en bois rose et marqueterie ornée de bronzes, dessus en marbre brèche de Sicile.

263 — Jolie commode en bois rose et marqueterie ornée de bronzes. Époque Louis XVI.

264 — Belle commode de forme ventrue en acajou, ornée de bronzes dorés. Louis XV.

265 — Commode en acajou ornée de filets de cuivre. Louis XVI.

266 — Coffre-fort de Haffner.

267 — Belle garniture de cheminée : pendule, candélabres et deux vases en bronze ciselé et doré, partie émaillée.

268 — Paire de beaux bras d'appliques à trois lumières en bronze ciselé et doré, à têtes de béliers et guirlandes de laurier. Style Louis XVI.

269 — Encrier en bronze poli. Style Louis XIII.

270 — Deux belles jardinières en ancienne porcelaine de Sèvres pâte tendre, décor à bouquets de roses et guirlandes de laurier, rehaussé d'or.

271 — Plateau en ancienne porcelaine de Sèvres pâte tendre, décor à bouquets de fleurs.

272 — Papeterie en cuir de Cordoue noir, brodé à fleurs.

SALLE DE BAIN

273 — Très belle décoration, style oriental, tout en glaces gravées et panneaux en lave et en bois peint, rehaussé d'or, accompagnée de quatre appliques formées d'enfants à califourchon sur des queues de poissons, quatre patères forme dauphins en cuivre poli. Travail de *Ponsin*.

274 — Très belle baignoire en bois sculpté du XVIe siècle, intérieur et monture argentés et gravés à rinceaux et fleurs.

275 — Jolie lanterne de mosquée forme à pans, en cuivre repercé avec vitraux de couleur.

276 — Deux jolis guéridons orientaux incrustés de nacre.

277 — Deux jolis tabourets orientaux incrustés de nacre et d'écaille.

278 — Plateau en cuivre repercé et émaillé, oriental.

279 — Deux porte-bouquets argentés.

CABINET DE TOILETTE

280 — Belle toilette à deux cuvettes, tout en bambou. Dessus avec tablette en marbre blanc, bassins, savonnières, compartiments à brosses et à éponges, robinets à eau chaude et à eau froide, argentés.

281 — Grande et belle armoire en bambou, s'ouvrant à trois vantaux garnis de glaces biseautées, garnie à l'intérieur de compartiments à coulisses et disposée pour porte-manteau.

282 — Petite table-toilette en bambou avec tiroirs.

283 — Jolie vitrine en bois noir, ornée d'incrustations d'ivoire, style Renaissance, garnie de glaces à l'intérieur.

284 — Petit secrétaire-chiffonnier en bois noir, orné de marqueterie de cuivre.

285 — Guéridon en bois doré, dessus en mosaïque.

286 — Beau cartel en porcelaine de Saxe moderne, représentant en haut une figure allégorique du Temps, des amours dans des feuillages et dans des fleurs, en dessous le char de Neptune.

287 — Jolie glace biseautée avec bras d'appliques et cadre en porcelaine de Saxe moderne, ornés de figurines, allégories des Saisons.

288 — Deux appliques à quatre lumières analogues, décorées de sujets genre Watteau.

289 — Deux flambeaux formés de bosquets avec figurines, allégories de la Danse.

290 — Groupe de six figures en porcelaine de Saxe, sujet champêtre.

291 — Jolie psyché biseautée avec cadre à fronton en bronze ciselé et oxydé, orné de figurines.

292 — Devant de feu, porte-pelle et pincettes avec accessoires en bronze argenté. Style Louis XVI.

293 — Tapis fond blanc à fleurs.

294 — Tenture complète, en satin violet avec baguette en bambou.

295 — Deux chandeliers ornés de figures d'amours en porcelaine, genre Saxe.

296 — Boite a thé à dos d'âne en marqueterie.

297 — GARNITURE D'AMEUBLEMENT en tapisserie au point, fond vert, dessin en grisaille, composé de vingt-deux pièces et d'une quantité de bandes.

298 — PIÈCE DE TENTURES ET D'AMEUBLEMENT en satin bleu clair ornée de broderies et d'applications.

299 — TÊTE-A-TÊTE du Japon, décor à figures.

300 — GROUPE : Philosophe assis sur un animal, en grès du Japon.

301 — FIGURINE en ancien blanc de Chine.

302 — PETIT GOBELET de Chine, fond rouge à rehauts d'or.

303 — QUATRE PETITES BOUTEILLES en émail cloisonné de Chine.

304 — DEUX PETITS OISEAUX en bronze.

305 — TÊTE D'OISEAU, partie en ivoire sculpté de Chine, représentant une multitude de petites figures, sur socle en bois sculpté.

306 — TASSE ET SOUCOUPE de Saxe côtelé bleu et or avec médaillon, à figure d'Henri IV.

307 — Deux tasses de Saxe, fond rose et fond bleu.

308 — Tasse et soucoupe de Paris, décor jaune, brun et or.

309 — Deux bols et soucoupes de Venise, décor à fleurs.

310 — Bol et soucoupe en émail peint, de Chine.

311 — Petite salière et petit bourdalou de Saxe.

312 — Douze tasses dont un jeu de Chine et du Japon.

313 — Deux jolies tasses avec soucoupes de Vienne, décor à sujets mythologiques et à rehauts d'or.

314 — Tasse trembleuse avec soucoupe de Sèvres, fond gros bleu, médaillon à scène champêtre, encadré d'émaux.

315 — Deux tasses de Sèvres avec soucoupes, décor l'une fond rose, l'autre fond bleu turquoise avec médaillons à portraits historiques, encadrés d'émaux.

316 — Tasse avec soucoupe de Saxe, décor à buste de général, à rehauts d'or.

317 — Tasse posée sur trois griffes, décor à médaillon.

318 — Tasse et soucoupe de Berlin, décor à fleurs et à rehauts d'or.

319 — Deux petits vases de Berlin, fond d'or, médaillons à scènes champêtres, supportés par des groupes d'enfants.

320 — Assiette en émail, peint en grisaille et rehauts d'or.

321 — Deux corbeilles à jetons, de Berlin.

322 — Salière de Saxe, décor oiseaux.

323 — Deux cuillers et deux manches de couteaux de Saxe.

324 — Quatre coquilles de Saxe.

325 — Deux bonbonnières de Saxe.

326 — Petite théière de Boisette, à fleurs.

327 — Petite boite en faïence de Venise, à fleurs.

328 — Sucrier de Saxe, décor à figures et fleurs.

329 — Figurine de mendiant sculptée en bas-relief sur ivoire, appliquée sur un fond de velours rouge, cadre en bois doré. Style Louis XV.

330 — Bourdalou en faïence de Castelli, décor à figures et paysage, avec armoirie dessous et la date de 1705. Dans un écrin.

331 — Vingt-sept médaillons ovales représentant en bas-relief les bustes des papes.

332 — Petite jardinière ovale de Nevers.

333 — Jardinière en porcelaine de Barbeau.

334 — Coffret a odeurs renfermant six flacons en cristal taillé, monté en cuivre doré.

335 — Deux miniatures rondes de Klingstedt, représentant des scènes d'intérieur de couvent.

336 — Miniature ovale représentant une bacchante.

337 — Miniature ovale, portrait de jeune femme Louis XVI, signée *Perrin*.

338 — Miniature ovale : les Baigneuses surprises, de Klingstedt.

339 — Miniature ovale, portrait de dame de l'Empire en robe blanche, coiffée d'un turban.

340 — Émail peint, représentant la petite fille à la cage d'oiseaux.

341 — Miniature, portrait de dame en costume Louis XV, coiffée à la poudre avec mantille.

342 — Miniature ronde, portrait d'un jeune homme en costume Louis XVI.

343 — Sept miniatures, portraits d'hommes et de femmes. (Sera divisé.)

344 — Émail peint, portrait de femme en costume du Directoire.

345 — Deux gravures en couleur d'après Hamilton, sujets enfantins.

346 — Gravure en couleur : la Main chaude, de Debucourt.

347 — Gravure teintée de sanguine : Vénus présentant Hélène à Pâris après le combat qu'il eut avec Ménélas.

348 — Deux gravures en couleur : les Chars de Vénus et de l'Amour, d'Angélica Kauffmann.

349 — Peinture sur verre : Femmes du temps de Louis XV.

350 — Peinture sur porcelaine, tête de jeune garçon.

351 — Deux petits porte-bouquets en bronze du Japon.

352 — Deux figurines en bronze poli, sujets en costumes Louis XV, socles à rocailles.

353 — Brasero en fer découpé.

354 — Petit seau en bronze.

355 — Sonnette formée par une figurine de femme en bronze.

356 — Flambeau en bronze, petit génie.

357 — Quatre petits sujets en bronze.

358 — Petit bougeoir en bronze.

359 — Petite divinité indienne en bronze.

360 — Paire de boucles argentées.

361 — Deux petites figures en bronze.

362 — Groupe en bronze du Japon : Cigogne sous un bosquet.

363 — Étrier en fer découpé du XVIe siècle.

364 — Deux étriers en bronze vert.

365 — Petit souvenir Louis XVI avec reliure en nacre.

366 — Quatre cadres et deux entrées de serrure en cuivre. Louis XVI.

367 — Porte-tasse en cuivre d'Orient.

368 — Brule-parfums en bronze du Japon ancien orné de saillies.

369 — Levrette en bronze.

370 — Mortier avec pilon en métal de cloche.

371 — Deux couteaux avec manches anciens en bronze.

372 — Fragment de cloche, offrant en bas-relief le Mariage mystique de sainte Catherine.

373 — Figurine, bronze antique.

374 — Trois petites figurines, bronze antique.

375 — Figurine, bronze vert.

376 — Figurine, bronze antique : l'Amour à la couronne.

377 — Buste d'empereur romain, bronze du XVIe siècle.

378 — Plaquette à l'effigie du pape Clément IX.

379 — Deux figurines, bronze.

380 — Carnet de bal en ivoire sculpté, travail de Chine.

381 — Douze tasses et onze soucoupes de Chine et du Japon, décors variés.

382 — Salière en faïence de Rouen.

LINGERIE

383 — Très belle armoire à quatre battants en bois d'érable et de bambou, avec poignées en ivoire.

384 — Autre armoire analogue à trois battants.

385 — Vitrine en érable et bambou, garnie de glaces biseautées.

386 — Secrétaire en érable et bambou.

387 — Lot de patères.

388 — Tapis fond blanc à fleurs couvrant la pièce.

389 — Mannequin porte-robes.

390 — Deux carafes de Bohême gravé.

391 — Deux porte-bouquets de Venise avec fleurs en relief.

392 — Carafe et quatre verres de Bohême gravé.

393 — Deux petites burettes gravées.

394 — Aiguière gravée.

395 — Deux quadrupèdes formant porte-bouquets.

TROISIÈME SALON

396 — Belle tenture complète en peluche rouge.

397 — Très belle garniture de baie formée de deux grands rideaux et un bandeau à lambrequin en peluche rouge ornée de jolies broderies Louis XIII à grands ramages.

398 — Belle porte couverte de tapisseries au petit point à petits personnages.

399 — Lustre en bronze poli forme flamande, système à gaz, à douze lumières.

400 — Beau piano en bois noir orné de marqueterie de cuivre et de bronzes dorés de Külerich.

401 — Tabouret en bois doré, style Louis XVI, dessus en satin rouge brodé.

402 — Belle vitrine en acajou richement orné de bronzes dorés, à côtés cintrés, toute garnie de glaces. Style Louis XVI.

403 — Petit cabinet en bois sculpté d'aspect monumental. XVIe siècle.

404 — Deux chevalets en bois noirci.

405 — VITRINE avec étagère en palissandre.

406 — JOLI MEUBLE de forme circulaire s'ouvrant à battants pleins dans le bas, ornés de sujets en bas-relief, et surmonté d'étagères supportés par des figures et des oiseaux. XVIe siècle.

407 — GUÉRIDON ORIENTAL en bois de Jérusalem incrusté de nacre, dessus en cuivre gravé, orné de glands et de cordelières.

408 — DEUX PETITS TABOURETS ornés d'incrustations de nacre, travail oriental.

409 — DEUX CHAISES ITALIENNES en bois noir ornées d'incrustations de pierres. Style Louis XIII.

410 — DEUX CHAISES en bois doré, style Louis XVI, couvertes en satin noir broché.

411 — PLATEAU en bois du Tonkin, burgauté.

412 — BEAU VIOLON de Cappa, signé et daté de 1682, avec archet de Lafleur (signé).

413 — PUPITRE en palissandre.

414 — Belle harpe en bois sculpté et vernis Martin, décor à bouquets de fleurs. Époque Louis XVI.

415 — Statuette en marbre blanc : la Petite fille aux osselets. Socle en bronze.

416 — Statuette en marbre blanc : Enfant tenant un chat sur ses épaules.

417 — Beau paravent à six feuilles en velours rouge richement brodé d'oiseaux et d'ornements.

418 — Belle table en noyer ornée de marqueterie de cuivre, de nacre et d'ivoire.

419 — Console en acajou Louis XVI, dessus en marbre blanc.

420 — Joli bureau à dos d'âne, en bois rose et marqueterie en bois de couleur.

421 — Deux petits canapés Louis XV, en bois sculpté et doré, garnis de soie violette brochée à fleurs.

422 — Petite table, style Louis XIII, en chêne sculpté avec tiroirs.

423 — MEUBLE PORTUGAIS dit Contador, en marqueterie, orné de cariatides dans la partie inférieure.

424 — DEUX BEAUX FAUTEUILS Henri II, couverts de broderies en relief, représentant des ornements.

425 — SIX FLAMBEAUX formés par des figures de singes en cuivre.

426 — CROIX en fer forgé avec reliquaire Louis XIII.

427 — PETIT TAPIS de calice en broderie de perles.

428 — BIDET en vieux Rouen.

429 — PORTE garnie d'un vitrail ancien et de petits vitraux, monture en bois sculpté.

430 — DEUX COFFRETS en bois du Tonkin, burgauté.

431 — BEAU COFFRET en fer gravé à l'intérieur comme à l'extérieur, décoré de griffons, de fleurs et d'arabesques. XVIe siècle.

432 — BAS-RELIEF en terre cuite de *Huet*.

433 — BANNIÈRE à armoirie toute en broderie de perles.

434 — Grand fauteuil en bois sculpté et doré, à cariatides d'aigles, couvert en satin bleu brodé. Époque Empire.

435 — Boite a musique jouant six airs.

436 — Guéridon en bois laqué et porcelaine du Japon.

437 — Deux petites plaques de Castelli, ruines et paysages, cadres en bois sculpté et doré.

438 — Deux figurines d'enfants, bronzes du xvie siècle.

439 — Très beau reliquaire représentant Saint Nicolas. Groupe en argent du xviie siècle.

440 — Custode en émail byzantin.

441 — Crucifix byzantin en cuivre émaillé.

442 — Candélabre à deux branches en bronze surmonté d'une figurine de petite baigneuse.

443 — Aiguière en bronze avec jolie anse formée de dauphins et de cavaliers.

444 — Petit coffret en ivoire.

445 — Bol du Japon, polychrome et or.

446 — Porte-huilier de Nevers.

447 — Soupière de Chine, décor bleu.

448 — Sucrier de Chine, décoré de cachets à figures, fond quadrillé bleu.

449 — Vase de Nevers, décor bleu.

450 — Pichet en grès.

451 — Buste de Raphael, en bois peint.

452 — Saladier de Nevers, décor à fleurs.

453 — Corbeille en faïence de Sceaux à filets d'or.

454 — Deux salières de Sèvres, fond blanc à filets d'or.

455 — Deux petites bouquetières de Marseille, à fleurs.

456 — Deux pantoufles, décor polychrome.

457 — Tabatière en os sculpté, à figures.

458 — ENCRIER en faïence de Rouen, décor à fleurs.

459 — SUCRIER de Vienne, décor médaillons et rocailles.

460 — ENCRIER de Saxe, décor bleu.

461 — ENCRIER de Saxe, décor volatiles.

462 — CORBEILLE à jetons de Berlin. Deux burettes et deux salières de Rouen.

463 — DEUX CHIENS de Nevers.

464 — THÉIÈRE côtelée de Venise.

465 — DEUX THÉIÈRES du Japon, décor bleu.

466 — CORBEILLE en terre de pipe.

467 — PLATEAU en faïence moderne à armoirie.

468 — ASSIETTE d'Allemagne, bordure à jour.

469 — BOUGEOIR ET ÉTEIGNOIR de Saxe.

470 — DEUX PLATEAUX forme d'animaux du Japon.

471 — STATUETTE de guerrier en bronze du XVIe siècle.

472 — QUATRE COUTEAUX algériens.

473 — ÉPAGNEUL en bronze, de *Peautrot.*

474 — VEILLEUSE en terre de pipe.

475 — PORTE-HUILIER en faïence polychrome.

476 — PETIT ÉCRAN en céladon.

477 — PLAT oblong en terre de pipe.

478 — JARDINIÈRE avec plateau de Strasbourg, décor à fleurs.

479 — VASE de Milan, décor à fleurs.

480 — BOUQUETIÈRE, forme commode de Nevers.

481 — BOUQUETIÈRE, forme rocaille de Strasbourg, à fleurs.

482 — STATUETTE de femme couchée, en marbre.

483 — GROUPE en bronze de *Barye :* le Cerf blessé.

484 — Chevreuil en bronze, de *Jacquemart.*

485 — Plateau en métal, représentant l'Enlèvement des Sabines.

486 — Mortier en métal orné de bas-reliefs.

487 — Deux figurines en faïence de Sifflé.

488 — Coupe de Saxe, bordure à jour, sujet Watteau, monture en bronze doré.

489 — Jolie petite jardinière de Chantilly, forme cintrée, décor à fleurs.

490 — Groupe de petits amours et de Bacchus, en biscuit de Lorraine, signé de *François.*

491 — Petit coffret en étain.

492 — Deux brule-parfums de Saxe, décorés de paysages autour de la panse et à rehauts d'or.

493 — Paire de mouchettes avec plateau en cuivre.

494 — Poivrière en étain

495 — Paire de patins incrustés de nacre.

496 — Vase en onyx d'Algérie, monté en bronze.

497 — Monnaies anciennes.

498 — Corbeille avec plateau à jour, en porcelaine de Vienne.

499 — Aiguière et son bassin en porcelaine à la Reine, décor à fleurs et rinceaux.

500 — Jardinière en faïence de Nevers, décor à fleurs, bleu et jaune.

501 — Groupe en faïence italienne : Flore et Zéphyre.

502 — Panneau rectangulaire représentant, en broderies appliquées, des sujets allégoriques à l'Adoration de la Vierge et de l'Enfant Jésus, des petits personnages, des cornes d'abondance et des fleurs. Cadre en bois doré.

503 — Étagère en bois sculpté et doré. Style moyen âge.

504 — Violoncelle.

505 — Plaque en faïence : la Vierge et l'Enfant.

506 — Trois tableaux religieux.

507 — DIVERSES PIÈCES en faïences.

508 — BEAU PLAT en émail cloisonné de Chine, riche décor fond bleu turquoise, à dragons.

509 — JARDINIÈRE en faïence de Nova à fleurs.

510 — PLAT A ŒUFS avec couvercle en faïence suisse.

511 — DEUX PETITS VASES de Chine.

512 — JARDINIÈRE de Nevers, à fleurs.

513 — SUCRIER en vieux Japon.

514 — DEUX JOLIES PETITES APPLIQUES argentées à deux lumières. Époque Louis XV.

515 — DEUX FLAMBEAUX en cuivre gravé. Style du XVIe siècle.

516 — DEUX PAIRES D'APPLIQUES à deux lumières en cuivre poli, ornées de cariatides de femmes. Style Louis XIV.

517 — PLAQUETTE en bronze représentant le Jugement de Pâris.

518 — Buste en terre cuite : l'Été, de Vermare.

519 — Six assiettes en porcelaine, décor genre Japon.

520 — Vingt-trois assiettes, décor vert, rose et blanc, à filets d'or.

TABLEAUX

BERTALL

523 — *Jeune Femme guidée par l'amour.*

Dessin rehaussé de couleur.

BLUM

(MAURICE)

524 — *Jeune Femme versant à boire à un cavalier.*

BOILLY

525 — *Tête de jeune femme.*

BOMBLED

526 — *Hé Hop!!!*

527 — *Cavaliers en vedette sur la lisière d'un bois.*

BOUCHER

528 — *Les Amours.*

Deux dessins se faisant pendants.

BOUCHER

529 — *Baigneuse et Colombes.*

Pastel.

BRAIL

(ACHILLE)

530 — *L'École de peloton.*

CARANZA

531 — *Nature morte.*

COMPTE-CALIX

532 — *La Surprise à la fontaine.*

CONTI

533 — *Paysage arrosé par une rivière.*

COROT

534 — *La Mare.*

COURBET

535 — *Iles et Rochers, pleine mer, coucher de soleil.*

DIAZ

536 — *La Source. Forêt de Fontainebleau.*

DIAZ

537 — *Cavaliers dans les montagnes.*

DROOGSLOOT

538 — *La Kermesse.*

DUPRÉ
(JULES)

539 — *Troupeau de vaches passant le gué.*

DUPRÉ
(VICTOR)

540 — *Troupeau de vaches traversant une rivière.*

ÉCOLE ROMAINE

541 — *Sujets mythologiques.*

Aquarelles sur fond noir.
Deux pendants.

FORTUNY

542 — *Garde arabe.*

Aquarelle.

FROMENTIN

(EUGÈNE)

543 — *Vue extérieure d'une mosquée avec figures de loueurs d'ânes au repos.*

GASC

544 — *Le Grenadier.*

Sanguine.

G. P.

(1635)

545 — *Portrait d'un bourguemestre.*

GÉLIBERT

546 — *L'Hallali.*

GÉNIX

547 — *Vue des environs d'Anvers.*

GIBON

548 — *Troupier faisant la lessive.*

GUDIN

549 — *Marines.*

Deux pendants.

GUIGON
(PAUL)

550 — *Le Lac.*

HAGBORG

551 — *Viendra-t-il?*

HIER
(VAN)

552 — *Vue de Hollande.*

Effet de nuit.

553 — *Vue de Hollande.*

554 — *Le Grand Canal. Vue de Hollande.*

555 — *L'Orage.*

HOITOL

1772

556 — *Brigands sous une grotte.*

Gouache.

HYON

557 — *En reconnaissance.*

Effet d'hiver.

ISNARD

(VALÉRIE)

558 — *Soubrette Louis XV.*

Peinture en grisaille sur porcelaine.

LEDUCQ

(JEAN)

559 — *Gentilshommes visitant l'atelier du peintre.*

LE MORE

(LUDOVIC)

560 — *Portrait d'un jeune seigneur.*

MASSON

(BENÉDICK)

561 — *Intérieur de ferme.*

MENAULT

(MARIE)

562 — *Nature morte.*

MENAULT

(MARIE, d'après WATTEAU)

563 — *Le Danseur. La Joueuse de mandoline.*

MONTFALLET

564 — *Le Buveur.*

NETTER

565 — *Vaches sous bois.*

NOTER

(DE)

566 — *Le Marché.*

O'CONNOR

567 — *Nature morte.*

PALAMÈDE

568 — *Le Déjeuner.*

PARMENTIER

569 — *Intérieur de ferme.*

PATROIS

570 — *La Petite Coquette.*

PERBOYRE

571 — *Régiment en marche.*

PERRET

(AIMÉ)

572 — *La Petite Paysanne au bord de la mer.*

PERRET

(F.)

573 — *La Laveuse.*

PIERDOU

574 — *Au bord d'un lac.*

PILS

575 — *Cuirassier.*

Étude.

PILS

576 — *Batterie d'artillerie en réserve pendant la bataille.*

Aquarelle.

RICHET

(LÉON)

577 — *Rêverie.*

ROBBE

578 — *Moutons à l'étable.*

ROOS

579 — *Secours au blessé.*

580 — *Vue de Hollande.*

Effet d'hiver.

Bivouac.

ROSSI

(D'après)

581 — *L'Indiscret.*

Fac-similé. Cadre style Louis XVI.

582 — *Les Femmes savantes.*

Pendant du précédent.

583 — *L'Orage.*

Suite des précédents.

ROUSSEAU

(T.)

584 — *Le Ruisseau.*

RUBENS

(Genre de)

585 — *Esther et Assuérus.*

SALMSON

586 — *La Serre. Après déjeuner.*

587 — *La Vilaine Lettre.*

588 — *La Visite à nounou.*

589 — *La Rêveuse.*

590 — *Les Lavandières.*

SCHENCK

591 — *Troupeau de cerfs dans les bruyères.*

SCHENDEL

(VAN)

592 — *Le Marché à La Haye.*

Effet de lumière.

TANZI

593 — *Léda et Jupiter.*

TÉNIERS

(Attribué à)

594 — *La Kermesse.*

Composition de nombreuses figures.

---

595 — Beau carton renfermant une intéressante collection de dessins par Eugène Delacroix, Durandeau, Saint-Ange, et de l'École ancienne. Gravures d'après Berghem, Ruysdael, Boucher, Lawreince, Baudoin, Greuze, Vernet, portraits, sujets. Eaux-fortes par de Boissieu, pièces en couleurs, vignettes, lithographies.

MOBILIER & OBJETS D'ART

PROVENANT DE BURES ET DE NICE

SALON

596 — Série de QUATRE JOLIES TAPISSERIES Louis XVI représentant des médaillons à sujets champêtres, avec guirlandes de fleurs, encadrements à rinceaux.

La première mesure : haut., 2 m. 20 cent.; larg., 2 m. 70 cent.

La deuxième mesure : haut., 2 m. 20 cent.; larg., 1 m. 60 cent.

La troisième mesure : haut., 2 m. 20 cent.; larg., 1 m. 60 cent.

La quatrième mesure : haut., 2 m. 20 cent.; larg., 65 cent.

597 — TRÈS BELLE TAPISSERIE de Beauvais représentant la Toilette de Vénus, gracieuse composition de nombreux petits personnages. Bordure à encadrement Louis XIV. Haut., 3 m. 5 cent.; long., 3 m. 45 cent.

598 — BEAU MEUBLE de salon en tapisserie de Beauvais, fond blanc à fleurs avec médaillons à petits personnages et à sujets champêtres

Bois sculpté à chaînettes et doré de l'époque Louis XVI. Il se compose d'un canapé et six fauteuils.

599 — Quatre très beaux fauteuils de grand style Louis XIV en bois sculpté et doré, à rocailles et fleurs, couverts de jolies tapisseries des Gobelins représentant des médaillons à sujets allégoriques aux Fables de La Fontaine, richement encadrés de coquilles, de rinceaux et de fleurs, de l'époque Louis XIV.

600 — Bel écran en bois sculpté et doré de style Louis XIV.

601 — Fauteuil couvert de tapisseries à fleurs de Batiste. Époque Louis XIV.

602 — Cheminée garnie en tapisserie de Beauvais, à guirlandes de fleurs et de fruits. Époque Louis XIV.

603 — Jolie table en ébène incrustée d'arabesques en ivoire.

604 — Jolie commode en bois des îles et marqueterie, ornée de bronzes dorés. Louis XVI.

605 — Beau bureau en marqueterie de cuivre et d'écaille de l'Inde, décor d'après Bérain. Époque Louis XIV.

606 — Belle commode en bois des iles, richement ornée de bronzes dorés. Louis XIV.

607 — Petit encrier en laque et bronze doré, orné de lumières à fleurs de Saxe. Louis XV.

608 — Deux petits candélabres analogues.

609 — Petit miroir en ébène incrusté d'ivoire. Époque Louis XVI.

610 — Pendule en bronze doré, supportée par un éléphant. Louis XV.

611 — Deux girandoles en bronze doré à quatre lumières. Style Louis XVI.

612 — Deux chenets formés par un chien et un chat sur des rinceaux. Style Louis XV.

613 — Cartel en bronze doré. Louis XV. Signé : Saint-Germain.

614 — Charmant buste en marbre blanc représentant la petite fille de *Houdon*.

615 — Grande vasque en Saxe, décor à fleurs.

616 — Deux grands cache-pots en Saxe avec anses à têtes de bélier, décor à fleurs.

617 — Grand plat en faïence, genre Palissy, représentant Diane de Poitiers.

618 — Deux appliques porte-lumières formées par des bustes de guerriers en faïence française.

619 — Deux groupes en porcelaine de Chelsea : berger et bergère dans des bosquets.

620 — Petit service de Saxe composé de cinq grandes pièces et huit tasses avec soucoupes.

621 — Deux grands et beaux vases, décor à figures, animaux et feuillages en porcelaine de Chine, famille verte, sur socles en bois de fer.

622 — Deux vases en faïence de Nevers, fond bleu moucheté de blanc.

623 — Deux chiens en porcelaine de Saxe montés sur socles en bronze doré, forme coussins.

624 — Grand plat de faïence italienne encadré, représentant le Jugement de Salomon.

625 — Grand plat en faïence italienne, représentant le Sacrifice d'Abraham.

626 — Deux vases en faïence italienne avec anses formées de dauphins.

627 — Coupe en vieux Chine de la famille rose, montée en bronze.

628 — Coupe en vieux Chine de la famille verte, montée en bronze.

629 — Deux cache-pots avec plateaux en vieux Japon.

630 — Deux vases, forme demi-sphères, en porcelaine Marie-Antoinette.

631 — Deux cache-pots en cloisonné, montés en bronze doré.

632 — Deux figurines d'enfants, montées en bronze doré.

633 — Deux cache-pots en vieux Japon, décor bleu, montés en bronze doré. Style Louis XIV.

634 — Deux petites coupes à couvercles en émail cloisonné.

635 — Garniture de trois pièces : coupes et deux vases en craquelé de Chine, montés en bronze.

636 — Coupe en agate orientale supportée par une figurine de femme en argent. Époque Louis XVI.

CHAMBRE A COUCHER

637 — Somptueux ameublement de chambre a coucher en vernis de Martin, fond d'or, de forme à rocailles et coquilles fleuronnées de style Louis XV. Il se compose d'un magnifique lit de milieu offrant à la tête une gracieuse composition, allégorie de la Nuit; sur le panneau de devant, le Départ pour Cythère, d'après Watteau. Les parties en saillie sont à rehauts d'or ainsi que les coquilles et les rocailles.

Deux charmantes tables de nuit offrant sur les portes des compositions à sujets champêtres.

Une grande et belle armoire à glace biseautée, dessus à fronton, côtés de forme cintré et décorés de scènes pastorales, inspirées des cartons de Lancret.

638 — Très belle tenture de lit et deux décorations de croisée en peluche paon, richement brodée à la main avec relevés et transparents en brocard crème, broché à fleurs. Le tout drapé à l'italienne, garnie de franges et de belles passementeries avec embrasses assorties.

639 — BELLE CHAISE LONGUE forme dormeuse en peluche bleu paon, richement ornée de broderies à la main, et sur les côtés de draperies.

640 — TRÈS BEAU MEUBLE D'APPUI de forme cintrée en vernis Martin, fond d'or aventurine, décoré de sujet, d'après Watteau, et d'attributs. Richement orné de coquilles et de rocailles en bronze doré. Joli travail style Louis XV.

641 — TRÈS BELLE TABLE-TOILETTE en vernis Martin, fond d'or, offrant sur le volet central le Duo champêtre, d'après Watteau, encadré de rinceaux et de guirlandes et élégamment décoré de tous côtés. Ornée de jolis bronzes dorés de style Louis XV.

642 — BEAU MEUBLE, BONHEUR DU JOUR, formant bureau en acajou orné de cuivres polis et de panneaux en vernis Martin, fond d'or à sujets. Style Louis XVI.

643 — BEAU BAROMÈTRE-THERMOMÈTRE en vernis Martin, fond d'or rehaussé de guirlandes de fleurs et richement orné de bronzes dorés. Style Louis XV.

644 — DEUX CONSOLES-ÉTAGÈRES en acajou et bronze doré rehaussées de décors en vernis Martin.

645 — Buste de jeune femme en marbre blanc.

646 — Paire de beaux candélabres représentés par des statuettes d'enfants en marbre blanc tenant des bouquets à cinq lumières en bronze doré.

647 — Belle garniture de cheminée en bronze doré et porcelaine de Tournai, pâte tendre, décor gros bleu à rehauts d'or et d'émaux, avec médaillons à sujets. Style Louis XVI.

648 — Marchand de poissons en ancienne porcelaine de Saxe.

649 — Deux statuettes de femme en ancienne porcelaine de Chine.

650 — Statuette en ancienne porcelaine de Saxe : Fantassin turc.

651 — Statuette en ancienne porcelaine de Saxe : Femme turque.

652 — Figurine vieux Saxe : Neptune avec un cheval marin.

653 — Figurine vieux Saxe : Le Comédien.

654 — FIGURINE vieux Saxe : Jupiter.

655 — FIGURINE vieux Saxe : Marquis en costume vert avec gilet et pantalon roses.

656 — SERVICE, ancienne porcelaine de Saxe, à fleurs, composé de : cinquante-deux assiettes plates, vingt-deux assiettes creuses, trois saladiers, deux plats ovales, un beurrier, deux sucriers.

657 — QUATRE CHANDELIERS vieux Saxe, décor de Chine.

658 — GRAND PLAT de Moustiers, décor : ornements d'après Bérain.

659 — VASE de Chine, fond blanc à décor bleu.

660 — GRAND PLAT en faïence de Perse.

661 — PAIRE DE VASES avec couvercle et anses, à fleurs.

662 — DEUX CHIENS en ancienne porcelaine de Vienne.

663 — UNE PAIRE DE CANDÉLABRES en bronze doré, à six lumières. Style Louis XV.

664 — PAIRE DE VASES en faïence italienne, fond bleu à ornements ; sur chaque face, une tête d'homme et de femme.

665 — PAIRE DE VASES en ancienne faïence de Castel-Durante.

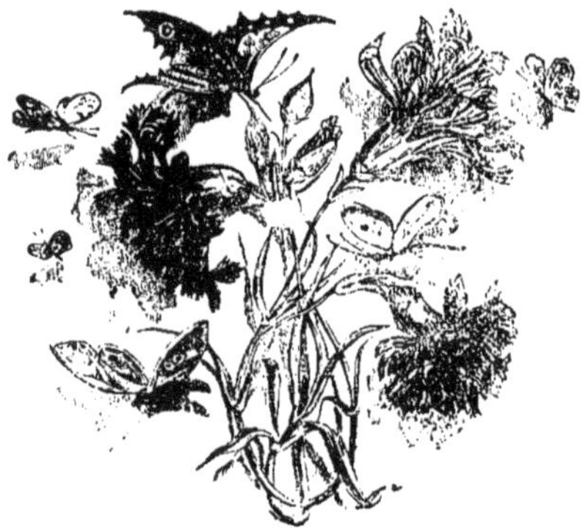

DEUXIÈME CHAMBRE A COUCHER

666 — Très bel ameublement en laque, richement décoré de paysages et de figures dans le genre chinois et orné de bronzes dorés. Style Louis XV. Il se compose : d'une belle armoire à glace, un grand lit de milieu, deux tables de nuit.

666 *bis* — Couvre-lit en satin blanc, richement brodé en bleu turquoise.

667 — Belle commode à deux tiroirs, même style que le lit.

668 — Bureau plat, même style, avec dessus en drap rouge.

669 — Jolie table de toilette en bois rose et marqueterie à fleurs. Louis XV.

670 — Pendule d'applique en écaille et bois noir avec socle console. Style Louis XIV.

671 — Paire de beaux flambeaux Louis XIV en argent ciselé, décorés d'ornements et de mascarons.

672 — Fauteuil en chêne sculpté, couvert en cretonne, à bouquets de fleurs. Louis XV.

673 — PLATEAU en ébène couvert de jolies incrustations d'ivoire, XVIe siècle.

674 — DEUX PETITES BANDES en broderie d'or et d'argent à personnages, XVe siècle.

675 — DEUX FAUTEUILS couverts de tapis anciens.

676 — BEAU BRULE-PARFUMS en Satzuma, décor à personnages.

677 — PAIRE DE VASES de Chine, décor à personnages.

678 — DEUX GRANDS ET BEAUX VASES en bronze du Japon, niellé d'or et d'argent.

679 — GRANDE JARDINIÈRE en émail cloisonné de la Chine, monture en bronze doré, Style Louis XIV.

680 — PARAVENT DE CHEMINÉE en bambou doré, garni de soie.

681 — TABLEAU en bois de fer incrusté de moire et d'ivoire.

682 — PIÈCE DE MILIEU en bronze du Japon, supportée par des enfants.

683 — Paire de vases en bronze du Japon, forme paniers.

684 — Boite a chale en ancienne laque du Japon.

685 — Boite en ivoire incrustée de nacre.

686 — Vase, forme rouleau, en porcelaine de Chine de la famille verte.

687 — Deux coussins en tapisserie au point. Louis XIII.

687 *bis* — Beau coffret a bijoux, forme cabinet en ébène orné d'émaux peints à sujets mythologiques, style du XVIe siècle.

PETIT SALON

688 — Joli ameublement en bois sculpté, rehaussé d'or, couvert en velours vert, garni de franges, style Renaissance, composé : d'un canapé avec deux coussins, deux fauteuils et six chaises.

689 — Deux petits meubles à hauteur d'appui en laque de Coromandel, ornés de bronzes, dessus en marbre brèche d'Alep.

690 — Très belle armoire a glace à trois corps en bois des iles avec panneaux en laque de Chine, décor à rehauts d'or sur fond noir, ornée de colonnettes.

691 — Beau bureau en marqueterie de fleurs de couleur, orné de bronzes, Louis XVI.

692 — Piano plat de Pape.

693 — Garniture de cheminée en porcelaine gros bleu, montée en bronze.

694 — Statuette en bronze : Arlequin, de Saint-Marceaux.

695 — Suspension en bronze poli et repercé.

696 — GRANDE CHIMÈRE en bronze du Japon.

697 — PAIRE DE VASES en albâtre, ornés d'anses à têtes de béliers, de feuillages et perlés en bronze doré, surmontés de bouquets de lis à trois lumières. Louis XVI.

698 — DEUX PANNEAUX en laque de Chine, orné d'incrustations d'ivoire, de cloisonné, de jade et pierres dures.

699 — DEUX GRANDES VASQUES en ancienne porcelaine de Chine, décor bleu.

700 — GRANDE JARDINIÈRE RECTANGULAIRE en ancien bronze du Japon.

701 — GRANDE POTICHE en porcelaine de Chine, décor bleu sur blanc.

702 — ÉCRAN en vieille laque, décor à personnages, monture en bambou orné d'incrustations de jade, d'ivoire et de nacre.

703 — GRAND VASE en ancien cloisonné de la Chine.

704 — DEUX JARDINIÈRES en ancienne porcelaine de Chine, fond rouge à personnages, sur socles en bois de fer.

705 — DEUX VASES en laque de Pékin, ornés de médaillons en ancien émail cloisonné.

706 — CABINET en laque du Japon.

707 — MEUBLE JAPONAIS orné d'incrustations d'ivoire et de nacre.

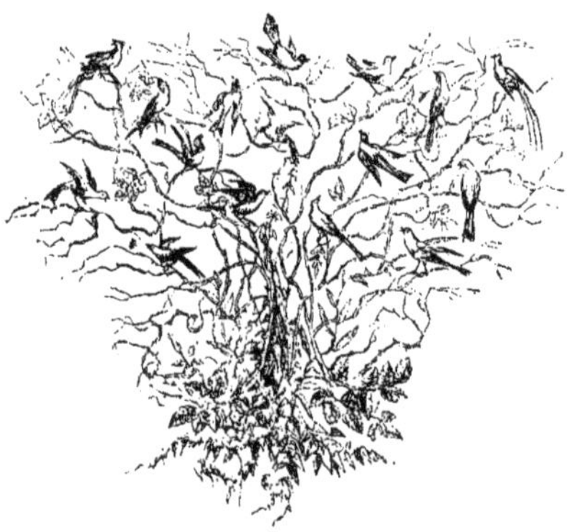

VESTIBULE

708 — Grand et beau meuble crédence, en noyer sculpté, supporté par des cariatides de femmes. Style Renaissance.

709 — Deux autres crédences, même style, en bois sculpté, moins grandes que la précédente.

710 — Table rectangulaire en marqueterie hollandaise.

711 — Deux belles statues en bronze argenté, représentant les Porteuses d'eau de Cordier.

712 — Pendule à cage en acajou, ornée de bronze doré. Empire.

713 — Beau meuble du Tonkin, orné d'incrustations de burgau.

714 — Meuble d'étagères en laque du Japon.

715 — Deux fauteuils ornés d'incrustations d'ivoire.

716 — Jardinière en émail cloisonné de Chine, monture en bronze.

717 — Deux lampes en émail cloisonné de Chine, monture en bronze.

718 — Deux grandes potiches en porcelaine du Japon, riche décor en polychrome et or.

719 — Grand brule-parfums en bronze du Japon.

720 — Paire de jolies lampes en bronze aventuriné et laqué du Japon.

721 — Objets divers d'étagères en porcelaine, faïences, etc.

ÉTOFFES

722 — Très belle robe de sultane, forme princesse, en satin blanc, richement brodée d'or, représentant des guirlandes de fleurs enrubannées, des rosaces et des grands ramages enrichis de perles fines.

723 — Magnifique couvre-pieds en satin rouge, enrichi de broderies d'or et de perles fines.

724 — Couvre-pieds à double face, pour enfant, en satin rouge, brodé d'or.

725 — Beau tapis de table en satin rouge, brodé d'or à rosaces, fleurs et feuillages.

726 — Très beau tapis de prière en satin rouge, richement brodé d'or et de perles fines.

727 — Beau couvre-lit en satin jaune, richement brodé d'argent.

728 — Six bonnes graces en tapisserie d'Aubusson à guirlandes de fleurs.

729 — Grande et belle portière du XVIe siècle, fond rouge, ornée de broderies.

730 — Beau tapis de mosquée du xvie siècle.

731 — Couvre-lit en guipure italienne.

732 — Tapis d'Orient en velours, brodé d'or.

733 — Tapis de table, fond soie rouge avec broderie à fleurs.

734 — Grande portière, fond rouge, ornée de broderies de la Renaissance.

TABLEAUX

BAPTISTE

735 — *Bouquet de fleurs dans un vase.*

BLANCHARD

736 — *Jeune Fille dans les blés.*

DANLOUX

737 — *La Jeune Mère.*

DROUAIS

(Genre de)

738 — *Le Petit Écolier.*

739 — *La Petite Fille jouant avec un chat.*

DROUAIS

(Attribué à)

740 — *Portrait d'un jeune garçon en costume Louis XVI.*

ÉCOLE FRANÇAISE

741 — *Portrait de Gabrielle d'Estrées.*

DYCK

(VAN)

(Signé PHILIPPE)

742 — *Personnages en costume Louis XIV assis dans un parc.*

GRIMOUX

743 — *Jeune Femme tenant une bouteille.*

JACQUE

(CHARLES)

744 — *Intérieur de basse-cour.*

JACQUE

(CHARLES)

745 — *Mouton et Poule.*

746 — *Coq et Poule.*

Deux pendants.

LARGILLIÈRE

747 — *Portrait du Prince de Conti en armure.*

LEDOUX

(Mlle)

748 — *La Peur de l'orage.*

VAN LOO

(MICHEL VAN)

749 — *Portrait de dame en costume Louis XVI.*

OMMEGANCK

750 — *Pâturage. Effet de soleil couchant.*

PLASSAN

751 — *Scène tirée d'une comédie de Molière*

ROUSSEAU

(THÉODORE)

752 — *La Mare.*

Aquarelle.

ROUSSEAU

(THÉODORE)

753 — *Forêt de Fontainebleau.*

TÉNIERS

(DAVID)

754 — *La Kermesse.*

Charmant petit tableau.

TROYON

755 — *Le Départ pour le marché.*

Étude.

WEENIX

756 — *Jeune Page s'apprêtant à monter sur un chien.*

TRAINEAU

757 — Très beau traineau en fer doré et bois sculpté, garni en velours bleu et passementerie de fantaisie avec arrière-train et avant-train, garni de fourrure, *de Rothschild.*

758 — Très bel harnachement en cuivre poli de Lasne, avec plumets formés de jolies plumes.

FOURRURES — LIVRÉES

759 — Belle peau d'ours blanc, avec tête naturalisée.

760 — Belle peau d'ours noir, couverture de voiture.

761 — Deux pelisses de moujiks en drap bleu, doublées d'agneau noir naturel, avec cols et parements en castor naturel extra; deux culottes drap.

762 — Nombreuses livrées de gala, de jockeys, de Daumont, de laquais, de valets de pied et de cochers.

763 — Nombreux chapeaux de cochers et de valets de pied.

764 — Objets divers non catalogués.

VINS

Années.		Crus.	Quantités.	
1864.	Château	Carbonnieux.	95	bouteilles.
1865.	—	Gruaud-Laroze	50	—
1869.	—	Saint-Estèphe.	24	—
1869.	—	Cos-d'Estournel. . . .	38	—
1869.	—	Margaux.	18	—
1869.	—	Lafitte.	39	—
1870.	—	Comte (Canon)	21	—
1870.	—	Pomerol.	197	—
1870.	—	Gruaud-Laroze	25	—
1870.	—	Cos-d'Estournel. . . .	25	—
1870.	—	Clos-Vougeot	80	—
1871.	—	Mouton-Rothschild . .	19	—
1871.	—	Latour.	37	—
1871.	—	Tour de Rodet	142	—
1874.	—	Margaux.	47	—
1874.	—	Lafitte.	23	—
1874.	—	Yquem.	58	—
1875.	—	Saint-Julien (Médoc). .	96	—
1875.	—	Margaux (Médoc) . . .	77	—
1875.	—	Bel-Orme.	42	—
1874.	—	Latour.	48	—

Années.	Crus.	Quantités.
—	—	—
1875.	Château Le Crocq	104 bouteilles.
1875.	La Lagune	30 —
1875.	— Lagrange	50 —
1875.	Cos-d'Estournel	49 —
	— Cérons	292 —
1875.	— Latour	100 —
1858.	Cognac	95 —
1846.	—	44 —

www.ingramcontent.com/pod-product-compliance
Ingram Content Group UK Ltd.
Pitfield, Milton Keynes, MK11 3LW, UK
UKHW031922260826
14628UKWH00003B/1356

9 782329 509082